Josefine Müllers

Und ewig ist der Augenblick

Gedichte

Josefine Müllers

Und ewig ist der Augenblick - Gedichte

1. Auflage 2017

Cover und Gestaltung: Josefine Müllers

Verlag: tredition GmbH, Hamburg

ISBN Paperback   978-3-7345-9375-8
ISBN Hardcover   978-3-7345-9376-5
ISBN e-book   978-3-7345-9377-2

Die deutsche Nationalbibliothek verzeichnet diese Publikation in der Deutschen Nationalbibliographie. Detaillierte bibliografische Daten sind im Internet abrufbar unter: http://dnb.d-nb.de

Vorwort der Verfasserin

Der hier vorliegende Gedichtband besteht - das Epilog-Gedicht einbezogen - aus sieben unterschiedlichen Kapiteln, die jedoch thematisch miteinander verknüpft sind. Alle verbindet die Liebe zur Schöpfung und der Grundgedanke, dass alles Leben ebenso wie die Liebe ein wunderschönes Geschenk ist, welches das Herz unwillkürlich zum Singen und Preisen anregt im Sinne Goethes, der dichtet: „Wer kann gebieten den Vögeln/ Still zu sein auf der Flur?" (*Unvermeidlich*).

Der Mensch als Teil der Natur und als fühlendes Geschöpf kann die Schönheit in der Schöpfung und die Liebe und den Geist des Schöpfers, welche diese nie vermissen lässt, mitempfinden. Die Natur scheint den Schöpfer auf ihre Weise zu preisen. Und der Dichter, der zum „Schauen Bestellte", dessen Herz sich für das intuitive Erkennen geöffnet hat, ist bestrebt, die Erscheinungen der Natur in ihrem Wesen zu erfassen und ins Werk zu setzen. Im dichterischen Wort deckt er die mystische Tiefendimension der Dinge und der Welt auf und macht das Ewige, das momenthaft darin aufscheint, sichtbar.

Die vorliegenden Gedichte möchten diese unwillkürliche Freude an der Fülle der Formen und der Schönheit der Natur und des Lebens zum Ausdruck bringen. Jedoch gehört zum Werden auch das Vergehen, ja ist in ihm mit enthalten, wie der große Dichter und Philosoph Friedrich Hölderlin in einem Aufsatz schreibt. Zu den bunten Farben des Lebens gehören auch die erdhaften dunkleren Töne der Vergänglichkeit und des Durchleidens. Gerade sie sind es sehr oft, welche uns zur Frage nach dem Sinn veranlassen und der Seele eine neue, allumfassendere Ausrichtung verleihen möchten.

Um die große Pilgerfahrt vom Leben ins immerwährende Sein, ins Ewige, zu vollziehen, bedarf es einer besonderen Art von Freiheit und Liebe, von Empfängnis des Göttlichen, welche die einschränkenden Formen der Angst überwindet. Dazu muss sich die Seele bereiten und das Herz muss, wie eine Kelter die Trauben, die Leidenschaften und Gefühle zu „genießbarem Wein", zu angemessenem Gesang, verarbeiten.

Die großen Dichter wie Goethe, Hölderlin, Trakl, Rilke und viele andere, die hier nicht mit Namen genannt sind, waren mir Seelenführer auf meinem Weg und ich bin ihnen zu außerordentlichem Dank verpflichtet, den ich - in aller Bescheidenheit - mit einigen ihnen gewidmeten Gedichten im vorletzten Kapitel erstatten möchte.

Josefine Müllers

Und ewig ist der Augenblick

VII. Epilog-Gedicht:

Die Sprache der Natur

Wintergebärde

Vom Sinnen schwer
und ergraut,
zerfurcht die frostige Stirn,
ruht des Winters Haupt
mit versteinertem Blick
am ersterbenden Busen der Erde.
Sehnsucht greift,
erstarrende Wasserarme am Bergrand,
verloren ins Leere.

Februar

Der Erde Gedächtnis
ist wieder erwacht.
Erinnerung greift ihr ans Herz
und schreibt
mit kaum merklicher Schrift
zartes Grün
in die weiße Fläche des Morgens.

Vorfrühlingssonett

Wenn aus den Tiefen
die Kälte kriecht,
auf den Flügeln der Vögel, als ob sie noch schliefen,
ein schneeschwerer Wintertraum liegt,

verfroren die Bäume die Äste recken,
geschüttelt von eisigen Winden,
sehnsuchtsvoll dem Himmel entgegenstrecken
und nur blaue Leere finden,

bahnen schon bald die ersten Strahlen
den Weg sich durch die erstarrte Luft
mit unendlich-umfangender Liebeswonne

erlösen den See von seinen Qualen,
brechen das Leben aus seiner Gruft
und baden die Welt in Frühlingssonne.

Aufbruch

Morgensonne
das Eis
des Winters
wird brüchig
ich folge
herzwärts
der Spur
ins Licht

Ostern

Bräutlich blühet
das HERZ
der Erde
Licht quillt hervor
aus sprießendem Grün
steigt empor
ihr Lerchengesang
Schwingung der Liebe
umhüllt jedes Wesen
Freude strömt
aus Tiefen der Seele
erschallt der Lobpreis
des Neuen Menschen
Brautgesang
der ewig Verjüngten
Liebeslied
der himmlisch Verklärten

Du, mein Lied

Es jubelt das Herz
Es singt die Seele
Frühling hielt Einzug in mein Land.
Verflogen der Schmerz
Es dringt aus der Kehle
Ton, der sich zum Leben fand.

Hin schmolz das Gefrorene
Leben Verzehrende
Das aus des Winters Trennung entsprang.
Neu glänzt das Geborene
Liebe vermehrende
Preisende Licht in meinem Gesang.

Ich fand dich wieder
Nach langer Prüfung
Endlich wieder zu neuem Genuss!
Sinn meiner Lieder
Quell meiner Reifung
Nun lebst du ewig in meiner Brust.

Frühlingswahrheit

Es lacht mein Herz
Es singt die Seele
Düfte schwingen in den Raum
Vergangen alle Erdenschwere
Elfen tanzen um den Baum.

Es lacht mein Herz
Es singt die Seele
Erde trägt ihr Festtagskleid
Eros siegt in den Geschöpfen
Schweigen Sorge, Zeit und Leid.

Es lacht mein Herz
Es singt die Seele
Grüne Hügel, weißer Saum
Aufgelöst in blauer Leere
Dunkle Schatten, schaler Traum.

Maiherz

Vögel
singen in meinem Herzen
Bäume
schlagen Wurzeln
in fruchtbarer Tiefe
Sonnenstrahlen tanzen
funkelndes Gold
meiner Träume
über lichtblauem Wasser
Silberglockenton
klingt hell
ein Lachen
durch alle Räume

Frühlingsliebe

Grüne Hügel, See und Wind
Frei und glücklich wie Kinder sind,
Lacht uns das Leben, die Sonne an,
Wer hat die Freude uns angetan?

Möchte wandern durch gelbe Auen,
Blühen rot und vergehen im Schauen,
Mich verströmen in Rose und Flieder
Und wieder erstehn in der Amsel Lieder.

Erwachen

Heimlich und ganz leise
Küsst verschwiegenerweise
Ein vorwitzger Sonnenstrahl
Die in Träumen versunkene Rose
Auf den samtenen Mund.

Langsam ersteht sie dem Grund.

Entbunden der Zeitenlose
Schwebender Bilder Saal
Entwindet sich Blumengeist ins Sein.

Erzitternde Rosenpracht
Bergend Geheimnis der Nacht
Schenkt sich erblühendem Tag
Vergänglicher Sommerfülle.

Im Garten meiner Träume

Im Garten meiner Träume
Blüht es immerzu,
Da duften Kirschenbäume
Glänzt roter Mohn und Frauenschuh.

Aus jedem winzigen Samen,
Und sei er noch so gering,
Sprießt wundersam mit Zaubernamen
Wesenhaft ein jedes Ding.

Fleißiges Lieschen unschuldsvoll weiß
scheint gar bescheiden dreinzublicken.

Vergissmeinnicht und Ehrenpreis
Verstehen einander im Lied zu entzücken.

Rittersporn stolz gesellt sich zu Rose,
Sonnenhut glüht für Herbstzeitlose.

Tränendes Herz, ganz hingegeben,
Vermag allein für Lilie zu leben.

Und Elfenkraut zart strebt zu Männertreu,
Denn wahre Liebe geht nie vorbei!

Im Garten meiner Träume
Da blühen immerzu
Zum Braut- und Liebesfeste

Versammelt viel' bunte Gäste,
Geladen bist auch du!

Weiße Lilie
oder
Eines Gottes Selbstliebe

Freudig erbleicht, sich selber kaum gewahr,
Vom Licht des Mondes sanft umflossen,
Steht sie in unberührter Schöne da,
Eines Gottes Gunst, in blumigen Kelch gegossen.

Süßen Duft verströmt der weiße Leib,
Den rote Blütenadern zart durchweben,
Ihn umfängt laue Nacht mit Trunkenheit,
Im Perlenkuss schenkt junger Tau neues Leben.

Der Sonne erster Strahl streichelt sanft ihr Gesicht,
Hebt sacht das gesenkte Köpfchen empor,
Himmelslüfte läuten die Glocke aus Licht,
Töne wie Engelsklarheit dringen ans Ohr.

Sommertag

Die Sonne steht schon im Zenit,
Die Erde glüht,
Der Himmel blaut,
Bienen fliegen um die Wette
Zu Rittersporn, Johanniskraut.

Ewig ist der Augenblick,
Ein Säuseln, Summen, Seligsein.
Es ruht die Zeit,
Es schweigt das Leid,
Heut ist die Welt im Lied allein.

Loblied der Blumen

Primel schließt den Himmel auf,
Frühling, Sommer nimmt den Lauf,
Rosenrot und Elfenspiegel,
Leuchten als vielversprechende Siegel,
Fliedertrauben sehnsuchtsschwer,
Fleißige Lieschen, die Füll, ein Meer,
Königslilie, tränendes Herz,
Stolz der Lieb, Vergehen im Schmerz,
Pfeffernelke, Tausendschön,
Sich verströmend ein Getön,
Farben schwingen in den Raum
Anmutsvollen Blumentraum,
Düfte in den Wind geschrieben
Weiß ein jedes schön zu lieben.

Augustmittag in Heidelberg

Mittag
Tönen die schweren Glocken
Der mächtigen Kirche.
Dumpf schlägt
Das Herz der Stadt.
Schwer atmen
Die roten Dächer
Der Sonne Glut
Und heiß pulst das Blut
In den Adern
Des trägen Leibes.

Aber dort drüben,
Hoch auf dem Hügel
Beim alten Nussbaum
Nahe des Waldes
Fährt ein belebender Hauch
In die Glieder
Des großen Pan
In die sich reckenden Arme
Durch seine grünen Locken
Bläst, pfeift und singt.
Und hell erklingt
Durch das Tal
Das Lachen des Pan.

An die alte Eiche über dem Bodensee

Breitstämmig
stehst du
die Wurzeln
tief gesenkt
in der Mutter Schoß
ein Bollwerk
unzerstörbar
feste Burg
den Gnomen und Zwergen

Zweihundertjährig
aufrecht du
ein Pfeiler der Erde
mit ausladenden Ästen
den Himmel tragend

Von Sonne getränkt
die goldgrünen Blätter
den Menschen ein Schutzdach
den ruhelosen
ein festes Haus
den flüchtigen Vögeln

Dein Schauen
sinnend
dem See zugewandt
zähmt das Ungestüm
brandender Wellen

nimmt sie in Gleichklang
ins große Lied
der Wasser, der Erde, des Lichts
ins Lied
des ewig tönenden Seins

Abend-Lied

Worte wie Blumen
Dem Herzgrund entsprossen,
Süße der Liebe
Wie niemals genossen,
Heimat der Seele
Garten der Stille
Quillt aus der Kehle
Ganz ohne Wille,
Glühendes Singen, Abendschein,
Ätherisches Schwingen,
Atmendes Sein.

Herbstgeschenk

Ich habe den Herbst
in Gläser gefüllt.
Er schmeckt
nach Kürbis und Zwetschgen
und duftet
nach frischem Ingwer,
nach Nelken und Zimt.

Vielleicht wird mich
sein Feuer,
die dunkelrote Sonne,
wärmen im weißen Winter.

Heidelberg im Herbst

In Goldlaubwäldern
Blaue Windstute
Rauscht
Durch die Pappeln
Burgruinen
Versunkene Städte
Ragen aus rotem Wein

Abendgold

Sei heiter, Seele!
Singe das Licht
Im Glanze des nahenden Abends.

Empfange!
Durchglüht von der Süße des Tages,
Golden
Und schwer wie Sommerfrucht
Im schattigen Grün
        Das reifende Glück!

Im Wachsen des Lichts

Wachse Licht in mir
Nähre das Blühen
Von dort drüben
Lass aus dem Trüben
Die verblichenen Mühen
Verglühen in Dir.

Verglühen das Leiden
In den Grund der Freuden,
Zu himmlischem Entsprechen
Mich aufzubrechen
Mit deiner Liebe sanftem Schein
Leucht in mir, o lass mich sein!

Wenn das Meer dich mit Namen ruft,
Der Wind erneut deine Segel bläht,
Dich zu bereiten zu schönerer Ausfahrt,
Gehöre dem Lieben der blauenden Tiefe:

gelassen und frei!

Der schmale Steg

Vom halbversunkenen,
schmalen Steg
über ungewisse Wasser
führt der geheime Weg.
Fasse Mut, meine Seele,
Wirf ab
alle Erdenschwere
und drückende Last:
Am anderen Ufer
glänzt
eine neue Sonne.

Licht meiner Träume

ich falle in dich hinein
staunend
schau ich dich an
Spiegel unendlicher
schaust du mich an
mit der Weisheit des Proteus
lächelnd liebend
begreifend umgreifend
einen Schritt mir voraus
zeigst du mich
seh ich dich
einen Schritt
Jetzt-Zeit

Der Spiegel

Schaue mich an!
Ich bewahre den Wind
Das Schweigen
Der Erinnerung Spuren.

Küsse mich tief!
Ein ruhendes Wasser
Zeitenlos, wellenlos.

Lasse mich!
Dass ich weine und lache
Dass ich lache und weine

Im Glanze b i n
Und nicht nur scheine.

Seelengedächtnis

Ewig rauscht der Brunnen
Lebendiges Leben sprudelt hervor
Aus immer singender Quelle.
Tief drunten
Erinnert sich
Tropfen um Tropfen
Des Aufgangs
Des Abgangs.
Herrlich spiegelt die Sonne
Bilder des Lichts
Auf die freudig
Bewegte Fläche.

Des Einhorns Geheimnis

Kennst du es, das Unicorn?
Hat ja nur ein einzig Horn,
Das mitten auf der Stirne sitzt,
Wo es wie ein Auge blitzt.

Zart und klug ist dieses Tier,
Hält man es zurecht dafür.
Weil es in der Jungfraun Schoß
Erfüllt sieht sein unsterblich Los.

End und Anfang sich dort paaren,
Tief Geheimnis stets zu wahren,
Heute und zu jeder Stund,
Der Liebe Ort, der Schönheit Grund.

Ägyptische Mysterien

I)

Aufstieg

Entzückens!
Himmlischen
in die Unsterblichkeit
mit mir
und steige
SOTER
ROSE
EROS
Namens
deines unendlichen
die Lettern
Lehr mich

II)

Sieh,
Schwarzer Wäger
Rot mein Herzkäfer
Golden die Namen
Auf seinen Flügeln!
Hör sein Zeugnis
Von dunklen Schmerzen
Von süßen Wonnen
Höre, und fühle die Tränen,
Dann wiege,
Großer Schwarzer!

III)

Leicht
wie die Feder der Maat
mögen sie wiegen
meine Lieder
auffliegen jäh
im Gesang
meines Seelenvogels

Im Park Mirabell

oder

Der alchemistische Garten der Seele

Wer einmal den wunderschönen Garten betritt,
Steht staunend vor der bunten Blumen Pracht,
Während rätselhafte Wesen aus grüner Nacht
Seinen Bewegungen folgen mit stummem Blick.

Wer den Weg beschreitet, muss ihre Zeichen verstehen,
Um das Ziel der Neugeburt anzustreben.
Er muss lernen nur mit dem Herzen zu sehen
Und sich im Eulenflug aus dunkler Nacht erheben.

Er muss sich trauen, einsam schmale Pfade zu gehen
Vorbei an der Menge auf dem großen Platz,
Labyrinthisch über Abgründe und Zeiten wegzugehen,
Tief drunten im Verborgenen glänzt der goldene Schatz.

Wende dich nicht um, denn es gibt kein Zurück!
Sei bereit zu jeglichem Wandel wie Mutter Natur!
Nur so wirst du Meister und lenkst dein Geschick,
Erkennst helfende Wesen auf deiner Spur:

Elementarische Geister wie Gnome, Nymphen, Sylphen,
Antike Jungfrauen und Helden großer Taten,
Weißt du's recht zu deuten, bieten sie dir Hilfen,
Aus ihren Werken magst du den Gang erraten.

Du steigst hinab in Erdentiefen zu Proserpinas finsterer
Gruft,
Du rettest tapfer wie Äneas Vater und Sohn aus der
Flammenglut,
Wie Herakles bezwingst du den Riesen Antaios in der
Luft
Und folgst Helena, der Schönheit, über wütende Meeres-
flut.

Hast du der Elemente Gefahren überwunden,
Prüfe dich! Willst du den Weg weiter wagen?
Denn zwei weiße Einhörner, stark und erhaben,
Wachen an der Schwelle, dem großen Gittertor,
Und nur den, der für absolut würdig befunden,
Lassen sie ins Innere des Gartens vor.

Dort wirst du Theophrastus Paracelsus begegnen,
Auf ihn und seine Lehren kannst du füglich bauen.
Lasse dein Werk von diesem Meister segnen,
Und lern, das Ewige in aller Schöpfung zu schauen!

Wie ein Kind in ihren wilden Mähnen spielend,
Beugst du so der stolzen Löwen Macht,
Und auf dem Rücken des hehren Pegasus fliegend,
Führst du **das Wort** ans Licht zurück aus dunkler Nacht.

Die große Fahrt

Sonne, Segel, See und Wind
Welche Fahrt ist uns bestellt!
Frei wie Möwen im Schweben sind
In den Äthern des Himmelszelts.

Wohin führt uns der Weg des Lichts
Anders als in die Ewigkeit!
Wenn es uns nicht an Mut gebricht
Und das Leben uns nicht gereut.

Setz die Segel zur lichten Fahrt
Beschwer nicht das Boot mit Sorge und Schein!
Was uns von jeher schon bewahrt
Und uns bewegt ist die Liebe allein.

Heimweg

Wenn die Seele dir reift,
Du der Zeit entwächst
Zu tieferem Verstehen:
Antwort dem Kusse des Gottes.

Weitergehend,
Wo die Müde der Welt dich drückt,
Die Stimmen des Hier und Dort
Dein Sinnen verwirren,
Schweigend der Rede stehen,
Ein Lächeln dem Lichte.
Empfangend in einer Sprache,
Wo die Angst dich entlässt.

Freiheit

Wirf Last ab, Seele,
wenn wir aufbrechen
du und ich
zu unendlicher Klarheit!

Im Strome des Vergessens
hat Bestand nur
was i s t.

Das kleine Haus

Ein kleines heimisches Haus
baue ich dir
festgefügt aus neuen weißen Worten
und junger Immergrün
wuchernd
rankt durch den Sinn.

Dein kleines Haus
wo die Seele
müd vom Erwandern der Welt
die Schuhe abstreift
für ein Weilchen
und Speise nimmt und dunklen Wein.

Schicksal

Die Seele
Ist beständiges Sinnen
Am Urlicht
Des unendlichen Symbols.

Kosmische Zeit

Im Anfang…
plötzlich deine Gestalt
auf schwankendem Schiff
tausend Klafter über dem Abgrund
das Licht deiner Augen
im flirrenden Äther
schwebend
eine Möwe im Aufwind
fing ich den Strahl auf
versteckte ihn
vor Sturmeswind
vor Wettern der Welt
unter meinem linken Flügel
nahe dem Herzen
lass ich ihn leuchten

Kosmische Zeit

Gestern
dein Auge
traurig suchend
in der Weite
des griechischen Morgens
dein schweigender Mund
eine fein geschwungene Zeitlinie
ohne Lächeln
harrt dein Herz

Heute
dein Auge
ein blauer Strahl
umfängt mein Sein
dein weicher Mund
lacht Entzücken
deine Hand
weist sinnend
in die Ferne

Morgen
gold irisierende Funken
sich umspielend
sich umschlingend
sich durchdringend
in den blauen Tiefen
des Äthers
du und ich.

Fruchtbarkeit

(überreicht mit einem Jaspis-Herz)

Liebe
urbar gemacht
Herzerde
rotbraun
durchfurcht
vom Pflug der Erinnerung
Licht golden
Sternensaat vieler Äonen
keimt
grünt
blüht
im aufwärts strebenden
Wort
im schwingenden Ton
der Seele
im Jaspis

Reifen

Des einen Herz möcht das andere leiten
Hinwärts zu seinem Stern,
So wandern wir fort durch die Zeiten
Vielleicht dem Ziele noch fern.
Das Auge blickt auf die Erde
Und küsst sinnend ihre Stirn,
Der Fuß geht fast ohne Schwere
Entgegen dem Zwillingsgestirn.
Ach nimmer kann ich's entbehren
Süß Licht, das im Herzen mir lebt,
Dies heilige Schöne zu ehren,
Das göttlich-entzückt die Welt durchbebt.

Kalón - An dein Herz -

Komm, kehr in das Heimatland meiner Seele, Bruder,
wo, in Wassern der Tiefe
auf endlosem Grund
dein Bild erglänzt
dein Kuss Äonen währt
dein Flügel
schwerelos, lautlos
die Winde des Morgens schrammt.
Breite dein Licht aus, Herz,
schaffe Welten
goldener Frühlingsfülle
auferstehend
aus deinem Gesang
preisend
jauchzend
strömend
Dein Lied, meine Seele, das Sein.

Wunsch

Jedes liebende Gefühl
Jeder erhabene Gedanke
Jedes gütige Lächeln
Ausgesandt ins Universum
Sei ein Faden
Golden gewirkt
Im zarten Gewebe
Deines Geschicks!

Weiße Seerosen

Zwei weiße Rosen der Schönheit
Erstanden dem Grund
Zwei goldene Kelche des Lichts
Empfangend sich verströmend
Zwei klare Kristalle der Reinheit
Geschliffen in den Wogen des Lebens
Zwei strahlende Sterne des Firmaments
Sehende Augen im Angesicht Gottes
Seien unsere Herzen
Sei unser Licht
Im Universum!

Contemplatio

Im Tempel
unserer Liebe
blüht
die Rose
Ewigkeit

Kosmische Landschaft

Länder deiner Seele
breiten sich aus
in ungekannte Fernen
auf Bergeshöhen
übt sich dein Geist
wie der Adler den Raub
Quellen des Glücks
Bäche des Staunens
entspringen
den Klüften des Abgrunds
ergießen sich sanft
in den Strom
deiner immer flutenden Liebe
und machen
mit jedem Frühling erneut
mein Herz urbar

Ewige Liebe, Bronn des Herzens

Liebe, Ewige

Quelle der SCHÖNHEIT
Bronn des LEBENS
Freude des HERZENS
Lied der SEELE
Licht der WEISHEIT
Mund des SEINS

Ewige Liebe

BRONN der Freude
LEBEN des Herzens
LICHT der Seele
MUND der Weisheit
LIED der Schönheit
QUELL allen Seins

Bilder des Lebens

Das Leben, ein Kind

Das Leben ist ein spielendes Kind,
Es jubelt sein Lied im Sommerwind.

Es heult, wenn Herbststurm die Meere peitscht,
Der Mensch in Todesfurcht erbleicht.

Es summt ganz leis in der Winternacht,
Wenn der Erde Atem im Frost erstarrt.

Wie ein junges Böcklein blökt es im Mai
Und springt und tanzt und lacht aufs Neu.

Das Leben ist ein ewiges Kind,
Es spielt mit sich und der Zeit, die verrinnt.

Die Schaukel

Erinnerungen
steigen wie bunte Ballons
aus den Räumen der Kindheit:
der See das Haus der Garten
die Schaukel am Baum
freischwebend
ich
zwischen Himmel und Erde
jauchze mein Lied
tanzend
auf rosigen Apfelduftwolken
der Wind
fährt durch mein goldenes Haar
flüstert mir leise Koseworte ins Ohr
silberschwer
hängt der Mond
dort unten
über dem Dunkel des Sees
in einem gekonnten Schwung
schnelle ich ihn empor
in die Wipfel des Baumes

Lebenserscheinung

Sinnst du sie noch,
die still verschlungenen Pfade von einst,
wo,
lauschend dem pochenden Herzen,
das heilig-staunend
im Andern sich erstmals gewahrte,
Worte der Liebe versuchend,
als kennt' es sie schon,
wir traut miteinander sprachen
vom Glück,
der dunkel verschlossenen Rose.
Kinder des Frühlings noch erst,
Plaudern im selbstvergessenen Strome des Lebens.
Ein Zeichen wir,
unwiderrufbar!

Noch vergaß uns das ernstere Leid,
wenn auch schweigend
die Seele schon Tieferes ahnte,
da der Tag sich neigte,
golden-entzündet,
und Nebel des Herbstes
sanft umhüllend
die Erde deckten und ihr Geheimnis.

Und herbstliche Feuer brannten hier und dort,
sie zu wärmen,
die alt-Verschwiegene

und unser Herz auch:
Erinnerung bergend
Und leuchtendes Wissen,
das in Tagen der Trauer
den Weg uns erhellt.

Amors letzter Streich

(Hochzeitsscherzlied)

Gott Amor mit verspielter Hand
Schickt lächelnd seine Pfeile nieder.
Zwei Herzen stehen in Wonnebrand,
Der lose Bube traf mal wieder.

Der Jüngling fesch, mit schwarzem Haar,
Die blonde Maid, gar wunderbar,
Verrenken Kopf und Glieder,
Um nacheinander auszuspähn,

Sich möglichst Tag und Nacht zu sehn.
Auf Blick folgt Blick,
Auf Kuss mehr Küsse.
Das ist der Liebe Lauf und Süße.

Dem Tausch der Seelen,
Folgt der der Leiber.
Hier ganz diskret
Schweiget der Schreiber.

Was gibt es viel noch zu erzählen,
Die beiden beschließen sich zu vermählen.
Und die Moral von der Geschicht':
Wenn Amor schießt, macht die Läden dicht!

Sei willkommen!

(Zur Geburt eines Kindes)

Sei willkommen auf unserem Stern,
du liebe Seele, Weltenkind!
Wir haben dich alle inniglich gern,
Wo immer wir beisammen sind.

Auch wenn die Lebenswege sich trennen,
Durchwärm dich unseres Herzens Strahl!
Menschen oft die Welt durchrennen
Aus Liebe zur Freiheit, zum Licht allzumal.

Zum Wandern bist du noch zu klein,
Doch Zeit ist ein Nichts, bist groß im Nu,
Gewärmten Fuß' sollst bereitet sein,
Drum schenke ich dir lammswollene Schuh.

Sei gegrüßt auf jegliche Weise
Zum Beginn deiner Lebensreise,
Schlagen die Wellen auch meterhoch,
Bleibe du mutig und lebensfroh!

Richte dein Schauen fleißig nach oben,
Der hellste Stern leite dich durch die Wogen!
Ein Engel bewacht dein Lebensschiff
Und lenkt dich sicher um jedes Riff.

Ent-spannt

(Für Gabriele)

Blauer Himmel, weiße Wölkchen
Sonne, Meer und Strand,
Lustig geschwätziges Möwenvölkchen,
Verlorene Muschel im Sand.

Dies Idyll sei Dir beschieden,
In Deinem Herzen glutvoll entfacht,
Freude und alles Glück hienieden
Durch himmlische Helfer wirklich gemacht!

So lass das Leben Dir gefallen,
Wie Wellen, die Schätze ans Ufer spülen,
Sachte auf- und niederwallen
Und mit Wind und Wolken spielen.

Wolke und Schwalbe

(Abschiedsfeier für Christa)

Abendwolke
sonnenglühende
ätherdurchwirkte Form
heiter wandelnd
in den Tiefen
des Himmels!
Die Schwalbe
Gold reflektierender Spiegel
trifft deine Bahn
und pflügt eine Spur
des Lichts…

Weiße Wolke

Weiße Wolken wandern im Wind,
Ziehen an des Himmels Saum,
Mal gemächlich und gelind,
Mal wie hingejagt durch den Raum.

Ist es Wahrheit, ist es Traum,
Was unser Glück, unser Leben bestimmt?
Ziehende Wolke im Sommerwind,
Mal getrieben, mal sinnend-bedächtig,
Doch stets der Kunst der Verwandlung mächtig,
So zwischen Himmel und Erde gestellt -
Das ist der Mensch in seiner Welt.

Die Zeit

Stunden waschen weiß das Haar,
Zeit vergeht, was ist das „War"?
„Morgen" kommt schon heute mir,
Klopft vielversprechend an die Tür.

„Sofort", „sogleich" sind stets zur Hand,
„Soeben" sichtbar noch am Rand,
Das eine treibt zur Eile dich,
Das andere ließ dich schon im Stich.

So geh nur sinnend durch die Zeit,
Zuviel getan ist leicht gereut!
Schau lachend vor, lachend zurück:
Das Ewige ist im Augenblick.

Geistliche Lieder

In Blau und Weiß

Hell lichtet mich der Himmel an
Still ruht der See, das Ufer im Schlafe
Weiße Wolken fahren bergan
Als jagte verspielt der Wind seine Schafe.

Ein verlassener Kahn ans Ufer trieb
Die Pappel rauscht einsam vergangene Lieb
In blauer Ferne leuchtet der Berg…

Wer setzte See, Ufer, Berg, Wolken und Kahn
Und auch die Pappel so herrlich ins Werk?

Herbstsonate

Rot, braun, ocker färbt sich der Wald
In den Tälern, in den Auen.
Und das Auge übt sich bald
Werden im Vergehen zu schauen.

Blätter lösen sich vom Baum.
Herbstlich Wehen erfüllt den Raum.
Dunkelrot glüht noch der Wein
Im verlöschenden Abendschein.

Fahl nun die Sonn' vom Hügel fällt.
Gelber Schimmer liegt über der Welt.
Amsels Abschiedslied tönt sacht.
Drüben steigt schon herauf die Nacht.

In den Tälern, in den Auen
Schnitters letzter Ruf verhallt.
Felder stehen stumm und kahl.
Werden im Vergehen zu schauen
Übt sich die Seele allüberall.

Heimfahrt

Sei still, mein Herz, noch ist es nicht Zeit,
Verlassen liegt des Fährmanns Kahn.
Der unendliche Raum, er ist so weit,
Ich sah noch nicht den Engel nahn.

Der dunkelnde Abend, er ist so groß,
In wilder Schöne glänzt der See.
Die Farben der Welt lassen mich nicht los,
Ich vergehe in ihrem Glühen, o weh!

Bald ist es Zeit, mein Herz, sei still,
Vergangen die Lust, vergangen das Leid!
Die Seele auch immer wandern will
Aus den Stürmen der Zeit in die Ewigkeit.

Der sinnende Fluss

es sinnt die Zeit, es fließt der Bach
es vollendet sich das Schicksal
ach
über Steine und Klippen stürzt es kühn
zum fernen Ziel unter Hoffen und Mühn

in den Wald zog ein der Herbst mit Macht
hat der Sonne Glut noch einmal entfacht
in leuchtendem Rot, in glänzendem Gold
stehn entzündet von ihr schlanke Birken
hold

der Strom zieht dahin, dahin zieht das Glück
es folget dem Geist, es gibt kein Zurück
es folget der Weisheit Schicksalslos
das weist auf des Ozeans tiefen Schoß.

Herbstlehre

Abgemäht das Ehrenfeld,
Der Weinstock blaue Trauben hält,
In süßer Beerenschwere die Welt.
Herbst will uns die Lese lehren,
Dem Leben zu Ehren,
die Lese lehren.

Die Schöpfung im Glanz des Abends steht,
Andachtsvoll schauend im Gebet
Ein alter Mönch zur Kirch hinaufgeht.
Will uns Stille und Einkehr lehren,
Gott zu Ehren,
Einkehr lehren.

Der Buche Blätter im Sturm erbeben,
- Rotglühende Schönheit dem Licht hingegeben-
Im Fallen zum Grund der Erde streben.
Wollen uns Schönheit im Sterben lehren,
Dem Sein zu Ehren,
Sterben lehren.

Der Kreuzgang

Wer lang hier weilt,
wo leis erzittern die Gewölbe im Gebet,
und Einkehr hält
und folgt den stummen Zeugen alter Zeit,
dem steigt aus tiefen Herzens Grund
die dunkle Ahnung,
was es wohl heißt,
durch Ihn zu gehen und sein Kreuz;
das Erdental der sieben Leiden zu durchqueren,
hinabzutauchen in das Reich der Finsternisse
und auszuharren dort
drei bittre Tage lang, drei kalte Nächte…

Wer aufzusteigen wagt
den Berg verheißner Seligkeit
den letzten Gipfel mühevoll erklimmt,
der stehet auf in Ihm
in aller Pracht,
mit dem Gewand des neuen Menschen angetan,
das Haupt im Glanz,
die Seele still gereift,
dem bleibt nur dies:

Bei jedem Blick auf diese Welt
das Lied zu singen,
das die Mönche sangen,
das jubilierend Herz bewegt und Lippen formt:
Das Lied vom Sinn,

von tiefer Weisheit und von Demut,
von Herrlichkeit und Freude allen Seins.

Winterlich-geistliches Lied

Verstummt sind heute Markt und Straßen.
Trotziger Winter herrscht in den Gassen.
Sie haben sich alle im Nu geleert.
Die Welt sieht aus wie umgekehrt.

Still ragt die Kirche auf der Höh
Über dem tief verschneiten See.
Glocken klingen scheu herüber,
Bringen weihnachtliche Lieder.

Draußen peitschen Sturm und Wind,
Drinnen liegt das Christuskind.
Tritt beherzt nur immer ein,
Drinnen wird endlich Frieden sein!

Mit dem Zauberstab der Dichtung

(Widmungsgedichte)

Hölderlin

Licht, Unvordenkliches,
das an der Seite mir geht,
wo geleitest du mich aber, Liebes?
Vor Ilions Toren duldest du, Herz,
weit von der teuren Salamis,
der heimatlichen,
mit Augen den Kampf schauend,
die dein nicht mehr sind.
Blind sind sie worden
in der Fremde,
vom Lied der Abschiede
schwer
die Seele,
die zur Liebe sich sehnt
über die Zeiten hinweg
in ein SEIN.

Diotimas Bild

(Für Friedrich Hölderlin)

Wie Orpheus
Stiegst du hinab
In die Tiefen des Orkus,
Sie loszulösen
Aus der Finsternis der Nacht.

Sie zurück ins Leben zu holen,
Vermochtest du nicht.
Zu sehr und unerbittlich
Bestürmten die Dämonen des Schmerzes
Dein Herz, deinen Sinn.
Die Leier zerbrach.

Doch leis erzittern
Ihre Saiten im Wind
Und ein Glanz legt sich
Auf alles,
Das sie anrühren:
Der stille Glanz
Von Diotimas Bild.

Im Geiste Friedrich Hölderlins

Der Bodensee

Herrlich lieget der See.
Sanft gebettet
Zwischen lieblichen Hügeln,
Duftenden Wiesen und dunklen Wäldern.

Wie funkelnde Edelsteine
Glänzen die uralten Städte,
Die ein Gott, sich zur Lust,
An den lockenden Ufern verstreute.

Heiter blickt der blauende Äther
Herab in den klaren Spiegel
Und Phöbus treibt
Das weiße Gewölk,
Einer Schafsherde gleich,
Mit Leier- und Flötenspiel
Auf die himmlischen Weiden.

Mag ein Mensch seinen Sinnen erliegen,
Dem Dichter geziemet zu schauen.
Sinnend begreift er das Höhere,
Die Schönheit,
Und lächelt
Und singet.

Der Grund der Freude

(Für Friedrich Schiller und seine Ode an die Freude)

Freude ist der Liebe göttliches Kind,
Sie fließt aus allem Schönen, Guten, Wahren.
Freude empfinden alle, die im Dasein sind
Und sich ein mutiges Herz bewahren.

Freude bildet einen neuen Menschen heraus,
Der Brüderlichkeit, Gleichheit und Freiheit liebt.
Freude, ein sprudelnder Quell, geht niemals aus,
Sie ist tiefer Grund zu jedem schöpferischen Trieb.

Freude führt zu wahrer Demut, dient aus Liebe zum Sein,
Sie meidet alle Herrschsucht, wird niemals gemein.
Freude ist des Glücks hübsche Zwillingsschwester,
Sich hinschenkend werden beide in der Treue fester.

Freude ist ein Funken aus dem göttlichen Geist,
Der alles durchdringt und sich selbst gebiert.
Man kann sie also füglich eine Gottheit nennen,
Die darauf zielt, Anderes und sich in ihm zu erkennen.

Sehnsucht

(An Johann Wolfgang von Goethe)

Suleikas schwarze Locken möchte ich borgen,
Die hielten dich dann wider Willen fest.
Aus Lilis blauen Himmelsaugen schauen
Mit dem Blick von Treu und Güte, der dich nimmer lässt.

Wie Charlotte geheime Botschaften dir schreiben
In wundersamsten Chiffern, kunstvoll ersonnen.
Wollt' dazu Schönes aus der ganzen Schöpfung auftreiben,
Seltene Tiere, Pflanzen, Sterne, Mond und Sonnen.

Wie Bettine säße ich als ein Kind auf deinem Schoß,
Dächte mir die schönsten Denkmäler für dich aus.
Ganz gewiss ließ ich dich dann niemals mehr los
Und du schicktest mich auch nicht aus deinem Haus.

Vielleicht würdest du mich in all diesem wiedererkennen,
Wusstest du doch der Liebsten Bild in allem zu entdecken!
Warum sollte es sich also nicht in meinem Lied verstecken
Und würdest am Ende gar mich eine Dichterin nennen?

Dichterkranz

(Für Eduard Mörike)

Dein Haupt ziert nicht der Lorbeerkranz,
Christrosen sind's und weiße Lilien,
Die sanft um deine Schläfen spielen
Einer Aureole gleichend voll und ganz.

Elfen webten sie in zierlichem Tanz,
Als grün die Nacht im Wald heraufgestiegen war
Und Lunas Licht das Werk beleuchtet' hell und klar,
Das süßen Duft verbreitete und stillen Glanz.

Der Kranz steht wunderbar dir zu Gesicht,
Lässt deine blauen Augen kräftig strahlen,
Und schwerlich fände sich ein besserer Ort,

Wo er stets neu erblüht in reinem Frühlingslicht,
Genährt von Liebesglück, von Liebesqualen,
Die sich verewigten in deinem Wort.

Der neue Taugenichts

(An Joseph von Eichendorff)

Wer deine Wünschelrute hätte,
Brauchte keinen anderen Wanderstab.
Wer Worte wie die deinen aussäte,
An deren Zauber sich alle Welt labt,

Brauchte nicht mehr zu suchen auf fremden Fluren,
Der wäre wie ein Vöglein munter und frei.
Das Glück folgte überall seinen Spuren,
Trägt er es doch selbst im Rucksack dabei!

Aus dem Becher des Lebens

(Für Gottfried Keller)

Augen, der Morgenröte Tore,
Klingendes Schillern tönt im Chore,
Trinkt aus der Farben rosige Pracht,
Trinkt, ihr Augen, bis das Herze lacht!

Augen, ihr lieben Diener der Welt,
Zum Dienst an Mutter Erde bestellt,
Trinkt die Sommerfülle, das Blühen,
Trinkt überfließendes Leben, das Glühen!

Augen, ihr lieben Fenster zum Sein,
Schaut den milden Abendschein,
Trinkt das goldene Licht in die Seele hinein,
Trinkt, ihr Augen, vom stärkenden Wein!

Die blaue Blume

(Für Novalis)

Die blaue Blume, Licht der Nacht,
Ist ein geheimnisvoller Schlüssel,
Von einem Genius überbracht,
Ein Schlüssel, der Märchen und Träume aufschließt,
Auf dass der Mensch diese Welten genießt!

Die blaue Blume gibt dem Leben Sinn.
Es finden sich Schönheit und Wahrheit darin.
Und wer den Schlüssel recht zu nutzen weiß,
Findet in Märchen und Gedichten
Die eigentlich wahren Weltgeschichten.

Das Leben ein Traum?

(An Hermann Hesse)

Auf der großen Bühne des Lebens
Bist Schauspieler du und führst Regie.
Dein Herz ohne Klage und viel Aufhebens
Erleidet Qualen und übt Magie.

Aus der Seele steigen Bilder wie in einem Traum,
Eilig ziehen sie vorüber bis an der Erde Saum.
Du wirst mit ihnen erschaffen wie du selbst erschufst,
Bist Geschöpf und Schöpfer beides in einem Beruf.

Schritt für Schritt gehst du immer deinen Weg,
Erklimmst beharrlich Stufe um Stufe.
Du bist Wanderer und Ziel, Träumer und Traum
Und folgst zugleich einem Rufe.

Herbstgesang

(An Georg Trakl beim Besuch des Trakl-Hauses in Salzburg)

Vergänglichkeit zittert auf steinernen Stufen,
Verfallene Treppen im Dunkeln trauern.
Moose und Efeu an morschen Mauern
Dämpfen das Echo verhallender Rufe.

In Ecken ducken sich vertraute Schatten,
Flüstern ängstlich von vergangener Zeit.
Zehrende Sehnsucht und Menschenleid
Lassen ein heißes Herz müde ermatten.

Ungezähmt bäumen sich die Brunnenrosse
Draußen im hoch aufsteigenden Quell.
Im braunen Herbstlaub tönt es hell.
Eines Engels Lied, deine strömenden Worte.

Es ist Orpheus, der singt

(Für Rainer Maria Rilke)

Rühmen, das ist's! Auch er
Ein zum Rühmen Bestellter.
Der Gesang reift ihm
In der Kelter des Herzens.
Nicht Menschenhand
Rührt seine Leier.
Es ist Orpheus, der singt
In seinen Liedern,
Ihn weit macht,
Den bleibenden Boten des Lichts,
Schatten übersteigend,
In den Äther schwingend,
In die Stille hinein,
Ohne Schwere
Nur Hauch eines Gottes.

Wir wollen dir keinen Denkstein errichten,
Die Rose nur soll zu deinen Gunsten blühn,
Denn es ist Orpheus, der singt,
Ohne Schwere, ohne Mühn.

Worte wie Blumen

(An Friedrich Hölderlin und alle liebenden Dichter)

Worte wie Blumen
Schenktet ihr uns,
Worte, die ins Herz fallen,
Den Sinn erheitern.

Worte wie Blumen,
Die ihren Duft verströmen
Über Zeiten hinweg
In ein Bleiben.

Dorthin, wo wir selber
Gesang sind.

VII. Epilog-Gedicht

das einhornwort

es taucht auf
unerwartet und plötzlich
von jenseits der grenze
zwischen traum und wirklichkeit

es nähert sich scheu
nimmt witterung auf
und
mit der schnelligkeit des pfeils
durchbohrt sein lichthorn
die maske von schein und verstellung

lebendig ist es nicht zähmbar
wird niemals beute der jäger
doch
voller vertrauen und sanftmut
legt es sein weißes haupt
in den schoß
der rein empfangenden

Autorenportrait Dr. Josefine Müllers

Literaturwissenschaftlerin -
Frei schaffende Autorin -
Spirituelle Lehrerin -

wohnhaft in Überlingen
am Bodensee

Die Autorin ist 1948 am Niederrhein geboren. Sie machte zunächst eine Übersetzerausbildung mit Tätigkeiten im In- und Ausland. Dann absolvierte sie ein Studium als Germanistin und Romanistin. Sie studierte Deutsch, Französisch, Spanisch, Philosophie und Pädagogik mit den Abschlüssen I. und II. Staatsexamen und Promotion in Neuerer Deutscher Literatur.

Sie arbeitete als Dozentin für Literatur und Sprachen in der Universität und in der Erwachsenenbildung, als Deutsch- und Französischlehrerin in der Schule, als Seminarleiterin und Beraterin in spiritueller Psychologie und Symbolwissenschaft. Heute lebt sie als frei schaffende Autorin und spirituelle Lehrerin in Überlingen am Bodensee und hält Lesungen, Vorträge und Seminare.

Veröffentlichungen:

Bücher und Hörbücher:

Liebe, Erkenntnis und Dichtung. Ganzheitliches Welterfassen bei Goethe und Hölderlin, Frankfurt a. M. 1992

Die Ehre der Himmlischen. Hölderlins *Patmos*-Hymne und die Sprachwerdung des Göttlichen, Frankfurt a. M. 1997

Liebe und Erlösung im Werk Johann Wolfgang von Goethes, Frankfurt a. M. 2008

Die Poesie des Himmels. Eine literarische Reise durch die Welt der Engel. Große Engelgedicht-Anthologie, Hrsg. und Mitautorin, Freiburg 2008

Dazu auch Hörbuch: Die Poesie des Himmels, (Auszüge aus dem obigen Buch mit Harfenmusik), Freiburg 2008

Neuauflage des Hörbuchs: Wie Engel auf Erden, Freiburg 2013

Amor und Psyche. Das Mysterium von Herz und Seele, Frankfurt a. M. 2011

Geheimnis und Verwandlung. Märchen und Initiationsgeschichten, Berlin 2013

Erinnerung an das Sein. Gedichte um Mensch und Natur, Hamburg 2016

Der Liebe selig Lied. Liebeslyrik, Hamburg 2016

Aufsätze:

Lesend aber gleichsam, wie in einer Schrift. Anmerkungen zu Hölderlins hymnischen Betrachtungen *Was ist der Menschen Leben?* und *Was ist Gott?* in: Hölderlin-Jahrbuch 1994-95

An der Hand des Engels. Der Engel in bildender Kunst und Literatur, in: *Symbolon*, Jahrbuch für Symbolforschung, Neue Folge, Band 13, 1997

Das sich offenbarende Geheimnis: Goethes *Märchen* der Erlösung. Ein Beitrag zum symbolischen Verstehen, in: *Symbolon*, Band 14, 1999

Die Sprache des Selbst und ihre Wandlungen im Medium des Traums, in: *Symbolon*, Bd. 17, 2010

Die Bewusstwerdung des Göttlichen im Menschen, in: *Lichtfokus* Nr. 47, Herbst 2014

außerdem:

Parabeln, Märchen, Kurzprosa, Lyrik und Lyrik-Über-
setzungen in Anthologien und literarischen Zeitschriften